Grille n° : 1

y	k	x	n	e	i	g	e
m	y	g	a	l	e	r	p
o	q	c	v	a	t	i	o
r	e	b	e	i	a	l	u
c	v	u	t	t	b	l	l
e	k		x	l	a	a
a	y		i	i	g	i
u	o	k	n	l	p	e	n

etabli - grillage - lait - morceau

mygale - navet - neige - poulain

Grille n° : 2

g	l	i	s	s	a	d	e
s	p	q	a	m	w	z	v
s	a	v	r	d			b
a	r	e	f	r			r
v	a	n	r	a	d	r	l
i	s	t	p	g	u	v	i
o	o	r	p	o	s	e	r
n	l	e	a	n	n	e	e

annee - avion - dragon - glissade

lire - parasol - poser - ventre

Grille n° : 3

y	m	b	c	n	x	r	i
n	n	v			h	x	w
s	b	a			p	p	c
y	h	n	l	n	o	r	d
o	l	i	v	e	l	i	o
a	g	l	r	r	l	s	u
x	a	l	o	f	u	o	z
x	z	e	h	n	e	n	e

douze – gaz – nerf – nord

olive – pollue – prison – vanille

Grille n° : 4

m	j	p	u	s	a	t	v
i	c	i	v	b	l	e	i
n	a	z	n	y	p	l	s
e	n	z			h	e	c
z	s	e			a	d	b
b	e	r	r	a	b	d	h
b	i	i	x	l	e	r	j
x	l	a	d	o	t	m	p

alphabet – ble – conseil – ici

nez – pizzeria – tele – vis

Grille n° : 5

e	x	p	l	o	r	e	r
f	r	o	i	d	o	o	s
q	q	l	n	e	r	f	n
u	f	i	d	c	o	k	e
i			e	o	b	t	z
c			x	u	e	r	s
g	n	t	s	t	j	d	l
c	s	z	x	e	d	l	u

ecoute – explorer – froid – index

nerf – poli – qui – robe

Grille n° : 6

z	f	l	r	m	t	y	w
h	a	e			d	s	c
d	u	t			r	o	b
b	t	a	m	m	g	d	j
i	e	g	t	a	i	o	m
b	u	e	b	r	l	i	e
e	i	r	u	e	e	e	r
c	l	e	t	e	t	r	i

bec – but – etagere – fauteuil

gilet – maree – mer – oie

Grille n° : 7

r	p	b	s	a	f	j	z
n			d	x	k	s	a
t			o	p	p	z	o
m	e	d	a	i	l	l	e
a	l	u	l	e	a	h	f
t	x	r	l	r	t	y	i
i	t	a	e	r	r	c	n
n	i	t	r	e	e	c	u

aller - dur - fin - matin

medaille - pierre - platre - rat

Grille n° : 8

f	a	i	m	m	u	i	w
		p	e	o	e	p	k
		a	n	f	c	i	f
h	e	r	d	v	r	r	a
t	t	e	i	i	a	o	r
h	a	n	a	e	s	g	i
n	g	t	n	h	e	u	n
b	e	s	t	j	r	e	e

ecraser - etage - faim - farine

mendiant - parents - pirogue - vie

Grille n° : 9

p	o	i	n	t	u	r	e
d	i	z	a	i	n	e	c
s	m	q	n	o	u	i	h
i	p	u	o			h	o
x	a	g	e			x	t
o	s	t	u	f	x	s	e
l	s	q	d	x	r	x	l
k	e	r	d	k	x	w	u

dizaine – echo – hotel – impasse

noeud – oui – pointure – six

Grille n° : 10

c	b	y	s	t	q	h	g
m	v	n	a	v	i	r	e
p	p	a	e	c	h	e	c
a	n	i	m	a	l	v	a
n	u	f	i	v	t	i	l
i	h			i	w	e	e
e	h			a	d	r	r
r	a	u	f	n	e	i	e

animal - avion - echec - ecole

evier - naif - navire - panier

Grille n° : 11

h	r	p	o	n	t		
d	u	q	i	r	p		
j	i	d	g	n	i	p	b
r	s	x	n	m	e	e	a
p	s	f	o	d	r	d	s
z	e	a	n	o	r	a	k
f	a	c	a	d	e	l	e
j	u	q	q	l	s	e	t

anorak - basket - facade - oignon

pedale - pierres - pont - ruisseau

Grille n° : 12

m	e	c	h	o	t	e	l
e	z	v	l	c	e	a	b
d	o	i	o	o	m	f	h
a	o	e			p	n	o
i	u	a			s	a	h
l	j	w	g	g	o	l	p
l	g	e	b	x	l	l	o
e	v	n	y	h	h	o	t

allo – echo – hotel – medaille

pot – temps – vie – zoo

Grille n° : 13

x	c	p	i	r	d	l	y
w	s	j	j	h	m	g	y
n	a			p	o	x	t
p	n			k	u	m	d
o	d	c	a	s	e	h	s
m	a	r	m	a	t	t	e
p	l	u	i	u	t	j	l
e	e	v	e	s	e	v	z

amie – lui – marmotte – mouette

pompe – sandale – sel – sous

Grille n° : 14

g	t	b	m	a	i	s	y
a	r	e	p	v	n	a	m
z	e	b	z	e	f	v	y
p	m	e	e	r	i	a	s
i	p			s	n	n	t
d	e			e	i	e	e
j	r	v	h	x	t	r	r
q	y	m	j	a	q	s	e

averse - bebe - gaz - infini

mais - mystere - savane - tremper

Grille n° : 15

s	w	j	b	z	f	w	r
a	e	k	k	y	h	d	n
b	f			b	f	i	p
w	l			x	o	g	c
d	d	t	f	a	b	l	e
e	d	a	e	b	j	a	c
u	f	s	u	r	e	n	h
x	k	l	e	i	t	d	o

abri - deux - echo - fable

feu - gland - objet - sur

Grille n° : 16

n	y	q	k	a	e	u	a
p	e	n	e	r	v	e	r
v	i	s	e	r	i	e	r
v	c	a			n	l	a
u	i	l			t	e	k
e	t	a	e	d	u	v	l
q	x	m	y	b	j	e	p
b	m	i	o	a	u	v	k

eleve - enerver - ici - salami

serie - vin - vis - vue

Grille n° : 17

u		z	v	b	i	s
a		u	s	i	n	e
s	a	u	c	i	s	s	e
s	f	y	v	x	t	o	t
o	f	v	i	c	y	l	d
m	a	g	n	w	l	e	d
m	m	p	g	l	o	n	v
e	e	e	t	m	e	t	r

affame − assomme − insolent − saucisse

six − stylo − usine − vingt

Grille n° : 18

r	e	m	h	s	i	m	e
f	h	e	n	c	e	n	t
m	c	n	d	n	p	e	a
u	a	s	o	a	o	n	m
l	r	o	s	m	u	r	b
a	k	n			l	o	o
t	z	g			e	f	u
o	r	e	n	f	t	w	r

car - cent - dos - mensonge

mulot - nom - poulet - tambour

Grille n° : 19

b	p	i	g	e	o	n	d
e	v	d	s	p	r	o	m
a	q	e	c	i	a	m	u
u	m	e			g	h	r
c	i	s			e	t	w
o	c	j	y	s	h	z	j
u	y	f	f	q	d	m	k
p	y	r	a	m	i	d	e

beaucoup - epi - idee - mur

nom - orage - pigeon - pyramide

Grille n° : 20

s	e	r	i	e	s	q	f
t	c	u			r	p	t
a	u	m			v	l	e
l	r	y	g	b	i	o	m
j	e	g	r	m	l	n	p
b	u	a	a	o	a	g	e
c	i	l	i	m	i	e	t
p	l	e	n	e	n	r	e

ecureuil - grain - mome - mygale

plonger - serie - tempete - vilain

Grille n° : 21

a	q	k	p	t	m	g	w
d	c	i	m	c	g	j	n
n	r			n	c	t	r
r	a			h	y	c	m
b	p	h	n	m	e	r	s
o	a	u	o	p	z	o	o
n	u	i	i	o	a	t	l
f	d	t	r	t	f	i	n

crapaud - huit - mer - noir

pot - roti - sol - zoo

Grille n° : 22

n	c	h	a	g	r	i	n
a	l	u	b	v	i	n	a
e	t	r	r	d	n	e	g
u	d	l	i	u	v	s	e
d	q	e			e	f	o
g	d	r			n	s	i
s	a	v	e	r	t	i	r
f	o	u	r	x	e	i	e

abri - avertir - chagrin - four

hurler - invente - nageoire - noeud

Grille n° : 23

s	z	d	r	s	c	t	r
c	y	w	j	b	e	e	a
h	r			q	j	m	q
s	d			j	b	x	u
f	m	v	t	k	l	w	e
j	o	d	e	x	a	c	t
u	i	i	l	y	n	x	t
s	s	x	e	r	c	c	e

blanc – dix – exact – jus

lynx – mois – raquette – tele

Grille n° : 24

s	r	e	v	e	r	t	m
o	f	x	f	s	a	f	m
u	i	c	f	e	n	z	a
s	l	u	h	i	g	y	r
k	e	s	z	z			c
m	a	e	d	e			h
s	d	r	x	v	s	u	e
w	d	v	k	y	c	p	r

excuse – file – marcher – rang

reve – seize – sous – vert

Grille n° : 25

k	j	w	s	a	u	v	e
f	c	h	e	z	e	e	p
l	g	a	r	d	e	r	i
u	k	u	i			w	r
t	x	f	n			y	o
e	z	k	g	x	j	j	g
l	w	i	u	i	b	j	u
m	q	l	e	w	c	f	e

chez - epi - flute - garde

pirogue - sauve - seringue - ver

Grille n° : 26

c	p	n	j	p	y	n	u
t			v	a	v	e	m
x			w	t	i	j	a
t	h	a	b	i	t	e	r
c	b	p	u	e	r	e	c
l	e	r	t	n	i	d	h
n	c	e	h	c	n	q	e
s	e	s	e	e	e	c	r

apres - bec - but - habiter

marcher - patience - the - vitrine

p	w	r	e	t	t	p	l
p	j	e	m	h	a	l	u
i	c	c	r	e	p	a	i
i	f	e	e	l	e	n	n
f	i	v	p			e	d
f	h	o	a			t	e
r	a	i	r	i	g	e	x
l	b	r	e	s	g	z	e

fee – index – lui – planete

recevoir – repare – tape – the

Grille n° : 28

r	s	w	r	x	r	i	m
e	a	s	k	g	z	c	z
g	l	s	j	u			d
l	l	z	p	e			k
i	u	p	e	p	s	z	x
s	m	i	r	a	c	l	e
s	e	l	l	r	e	v	e
e	r	e	e	d	p	e	g

allumer - guepard - lisse - miracle

perle - pile - reglisse - reve

Grille n° : 29

n	d	l	h	l	y	i	n
k	h	q	f	s	j	d	s
h	g			i	i	g	a
h	t			x	k	i	r
c	i	w	h	i	l	d	a
p	r	v	l	e	o	x	l
e	e	i	a	m	i	l	e
p	r	e	s	e	n	u	r

ami - ile - loin - pres

raler - sixieme - tirer - vie

Grille n° : 30

		t	m	u	o	m	h
		m	f	r	f	g	v
a	m	o	u	r	e	u	x
v	b	e	c	i	u	i	l
e	q	l	e	e	i	t	h
r	k	l	n	n	l	a	x
s	d	e	t	m	l	r	z
e	w	t	y	c	e	e	h

amoureux – averse – bec – cent

elle – feuille – guitare – rien

Grille n° : 31

n	p	c	a	w	s	
a	l	e	l	d	f	
u	i	r	p	m	a	r	g
v	k	c	h	b	n	e	x
e	l	l	a	a	t	r	h
l	d	e	b	i	o	d	e
l	x	f	e	r	m	e	r
e	l	v	t	e	e	a	o

alphabet – boire – cerce – fantome

fermer – hero – nouvelle – pli

Grille n° : 32

b	z	x	v	i	h	h	t
k	i	f	s	c	d	w	t
l	q	c			i	g	g
o	j	a			i	r	f
n	c	h	a	u	d	i	i
e	p	i	c	i	i	l	l
r	a	e	n	t	o	l	s
f	e	r	d	o	t	e	x

cahier - chaud - epi - fils

grille - ici - idiot - nerf

Grille n° : 33

b	s	o	f	a	e	z	k
a	v	n	q	x	y	c	t
g	c	g	r	y	m	f	p
u	k	i			u	q	p
e	n	p			s	t	o
t	o	a	q	q	m	d	s
t	t	p	r	u	e	j	e
e	e	a	r	i	r	w	r

baguette - mer - note - papa

poser - qui - rue - sofa

Grille n° : 34

r	s	r	l	r	n	u	m
u	b	k	p	c	i	v	e
w	c	h	i	g	n	o	n
r	q	a	n	e	c	b	d
o			c	n	o	u	i
u			e	t	n	u	a
l	p	s	a	i	n	s	n
e	y	u	u	l	u	l	t

ane - chignon - gentil - inconnu

mendiant - oui - pinceau - roule

Grille n° : 35

p	t	a	m	p	o	n	a
o	p	m	i	e	u	m	e
l	a	i	n	c	i	h	u
i	p	n	u	h			f
u	i	u	t	e			l
j	e	i	e	h	b	z	m
u	r	t	c	m	a	c	h
c	j	p	v	x	l	l	p

minuit – minute – oeuf – oui

papier – peche – poli – tampon

Grille n° : 36

s	g	r	o	g	n	o	n
c	r	a	t	o	f	u	o
r	i	z	o	u	c	i	v
i	g	m	i	r	s	u	e
r	w	h	t	m	w	z	m
d	a			a	r	d	b
s	t			n	g	b	r
n	o	v	j	d	a	g	e

cri - gourmand - grognon - novembre

oui - rat - riz - toit

Grille n° : 37

z	t	l	e	k	l	z	k
p			c	j	r	w	v
a			h	p	e	b	s
r	n	p	a	l	f	a	n
e	u	l	p	b	l	s	v
n	a	a	p	r	e	k	e
t	g	g	e	a	x	e	n
s	e	e	r	s	e	t	t

basket – bras – echapper – nuage

parents – plage – reflexe – vent

x	w	b	w	z	m	c	e
e	t	e	t	e	w	f	t
t	f	l	a	m	m	e	u
a	c	i	u	u	a	v	d
g	e	t	r	u	r	e	i
e			e	w	i	q	a
r			a	r	n	c	n
e	d	s	u	h	v	u	t

etagere - etudiant - feve - flamme

lit - marin - taureau - tete

Grille n° : 39

k	s	s	r	a	t	d	j
s	a	r	c	i	e	r	e
a	l	a	s	z	o	o	g
r	u	e	a			u	a
d	t	s	u			i	l
i	i	v	t	v	b	l	s
n	o	l	e	n	k	l	q
e	n	j	t	j	r	e	q

egal – rouille – rue – sardine

saute – solution – sorciere – zoo

Grille n° : 40

c	o	n	s	e	i	l	j
r	t	e	r	r	e	a	f
e	a	n	m	a	o	i	p
n	r	u	m	c	j	s	n
t	k	p	t	a	q	s	x
r	d	h	o	r	c	e	r
e	s	a	a	r	a	r	m
v	f	r	p	e	r	l	e

car – carre – conseil – laisser

nenuphar – perle – rentre – terre

Grille n° : 41

h	r	c	l	r	q	v	i
w	u	a			o	a	m
h	j	m			h	c	p
l	h	p	r	d	u	r	r
z	p	a	t	t	e	o	i
o	i	g	n	o	n	i	m
n	c	n	a	v	i	r	e
e	w	e	r	c	t	e	r

campagne – croire – dur – imprimer

navire – oignon – patte – zone

Grille n° : 42

		e	m	g	a	o	o
		x	w	k	e	v	m
f	x	m	a	i	r	i	e
p	v	c	u	n	o	r	l
o	e	o	d	d	p	g	e
i	i	u	m	e	o	u	t
n	n	x	s	x	r	l	t
g	e	q	s	t	t	e	e

aeroport - cou - index - mairie

omelette - poing - veine - virgule

Grille n° : 43

r		e	k	i	l	q
f		e	q	h	i	n
e	d	v	c	i	o	m	k
m	o	e	h	r	p	o	k
i	u	r	e	u	i	n	z
n	c	s	l	e	t	a	o
i	h	e	l	b	a	d	o
n	e	r	e	c	l	e	m

douche - echelle - feminin - hopital

limonade - rue - verser - zoo

Grille n° : 44

e	n	x	l	m	t	c	c
q	s	w	f	y	o	c	h
i	x		p	n	f	o	
h	r		h	d	q	u	
o	u	b	m	o	e	u	e
m	c	r	i	q	u	e	t
m	h	f	o	u	s	u	t
e	e	g	t	e	e	e	e

chouette - criquet - fou - homme

phoque - queue - ruche - tondeuse

Grille n° : 45

f	v	x	h	v	o	h	e
a		j	r	c	b	u	
e		m	o	u	l	e	
b	a	g	a	r	r	e	t
z	l	e	l	a	i	n	e
j	l	a	x	n	e	v	u
b	e	n	t	g	u	a	b
l	r	t	q	e	x	k	f

aller – arret – bagarre – curieux

geant – laine – moule – orange

Grille n° : 46

s	e	r	i	n	g	u	e
q	g	e	v	a	u	w	o
a	a	c	g	j			s
x	l	e	q	m			y
p	k	v	j	e	w	m	g
a	v	o	p	r	q	a	m
p	c	i	u	c	d	i	x
a	g	r	a	i	n	s	v

dix - egal - grain - mais

merci - papa - recevoir - seringue

Grille n° : 47

r	g	q	a	p	u	c	e
e	a	u	r	t	l	h	b
m	i	a	r	s	s	a	f
p	l	t	e	o	a	n	m
l	b	o	t	t	u	t	o
i	t	r	o	o	m	e	l
r	o	z	b	u	o	u	i
u	h	e	y	s	n	r	n

ail - arret - chanteur - puce

quatorze - remplir - saumon - tous

Grille n° : 48

e	g	i	f	x	q	v	e
i	h	b	c	b	u	m	c
u	y	o	r			k	r
r	n	u	a			j	i
d	f	c	p	e	t	i	t
e	o	h	a	k	h	t	u
u	r	e	u	l	e	h	r
x	t	r	d	v	q	e	e

boucher – crapaud – deux – ecriture

fort – petit – the – the

Grille n° : 49

d	e	u	x	i	e	m	e
m	a	s	c	u	l	i	n
p	n	o	d	s	m	n	o
l	q	l	p	i	a	u	u
u	p			n	i	i	v
s	g			e	n	t	e
u	j	a	s	e	f	b	a
u	h	n	b	z	p	x	u

deuxieme – main – masculin – minuit

nouveau – plus – sol – usine

Grille n° : 50

d	p	u	h	g	d	o	g
i	w	j	g	o	o	e	f
m	f			l	i	s	p
a	a			f	c	i	o
n	v	l	o	s	o	r	t
c	o	u	r	i	r	e	a
h	r	n	j	t	d	n	g
e	i	e	k	w	e	e	e

corde – courir – dimanche – favori

lune – potage – sirene – sort

Grille n° : 51

j	k	m	e	a	i	l	v
t	r	e	i	z	e	a	p
a	v	p	r	n	o	m	y
i	i	e	o	x	n	k	j
l	s	e	u	z	g	i	a
e			g	s	l	n	m
c			i	r	e	p	a
l	w	j	r	m	a	k	z

aile − epee − nom − ongle

pyjama − rougir − treize − vis

Grille n° : 52

b	x	a	s	x	m	e	k
e	e	c	o	u	p	v	e
a	p	s	r	f	l	a	g
u	a	z	c	a	e	l	t
c	u	h	i	r	u	i	o
o	l	t	e	i	r	s	f
u	e	v	r	n	e	e	b
p	q	p	e	e	r	d	e

beaucoup - coup - eau - epaule

farine - pleurer - sorciere - valise

Grille n° : 53

j	z	y	u	t	w	o	s
r	l	p	n	m	r	v	j
b	h			d	c	q	w
r	b			u	a	e	p
a	l	p	h	a	b	e	t
t	f	e	u	j	a	m	i
e	s	i	r	e	n	e	z
r	b	a	a	u	e	m	j

alphabet – ami – cabane – feu

jeu – nez – rater – sirene

Grille n° : 54

l	s	t	e	h	a	w	y
x	o	m			m	g	a
a	d	o			o	r	b
f	o	u	r	r	u	r	e
s	r	e	l	i	r	e	i
o	m	t	b	l	e	u	l
n	i	t	x	j	u	s	l
u	r	e	z	p	x	f	e

abeille - amoureux - bleu - dormir

fourrure - mouette - relire - son

Grille n° : 55

q	i	l	k	e	l	k	h
n	g	v	o	x			b
w	i	d	t	a			o
p	l	o	n	g	e	o	n
a	b	r	u	e	c	p	c
v	u	m	i	r	h	r	y
e	s	i	t	e	o	t	x
m	d	r	c	r	u	b	l

bus - chou - dormir - echo

excagerer - nuit - pave - plongeon

Grille n° : 56

f	j	c	p	e	s	e	r
c	h	a	q	u	e	n	a
m	k	r	u	w	x	t	q
o	b	t	i	d	c	r	u
t	m	a			u	e	e
o	w	b			s	o	t
e	b	l	h	u	e	h	t
a	l	e	p	z	m	u	e

cartable – chaque – entre – excuse

moto – peser – qui – raquette

Grille n° : 57

c	o	u	r	n	e	s	h
h	y	s	a	c	p	o	t
p	q	i	u	l	j	n	w
u	c	n			g	n	u
t	l	e			f	e	s
a	z	f	x	x	q	r	b
s	m	e	d	e	c	i	n
b	o	l	a	m	p	e	u

bol – cour – lampe – medecin

pot – sac – sonnerie – usine

Grille n° : 58

z	r	u	d	g	g	p	b
s			h	o	w	q	k
y			o	w	d	a	y
a	l	i	j	e	u	e	r
l	i	m	a	c	e	x	o
b	v	i	m	h	c	a	i
y	r	u	b	e	h	c	q
q	e	v	e	c	o	t	u

echec - echo - exact - jambe

jeu - limace - livre - roi

Grille n° : 59

		s	n	b	d	j	d
		o	d	n	g	r	n
v	i	e	m	v	m	i	p
r	n	x	o	a	e	z	o
o	f	a	n	c	v	i	t
t	i	c	r	h	e	e	l
i	n	t	u	e	r	r	u
g	i	k	t	i	u	e	w

excact – infini – mon – pot

riziere – roti – vache – vie

Grille n° : 60

t	r	i	s	t	e	t	e
e	a	n	o	r	a	k	c
j	t	v	i	o	l	e	t
o	g	r	r	i	g	g	p
u	q	c			m	n	e
e	v	e			m	f	k
b	x	i	j	l	o	y	k
x	v	x	b	n	v	p	k

anorak – joue – rat – roi

soir – tete – triste – violet